FULL SCORE

WSL-19-006

<吹奏楽セレクション楽譜>

ぱんぱかぱんぱんぱーん

水野良樹　作曲
郷間幹男　編曲

JN218186

楽器編成表		
木管楽器	金管・弦楽器	打楽器・その他
Piccolo	B♭ Trumpet 1	Drums
Flutes 1 (& *2)	B♭ Trumpet 2	Timpani
**Oboe*	**B♭ Trumpet 3*	Percussion 1
**Bassoon*	F Horns 1 (& *2)	...Crash Cymbals,Triangle,
**E♭ Clarinet*	F Horns 3 (& *4)	Tambourine,Wind Chime
B♭ Clarinet 1	Trombone 1	Percussion 2
B♭ Clarinet 2	Trombone 2	...Wind Chime,Castanet,
**B♭ Clarinet 3*	**Trombone 3*	Whip,Sus.Cymbal,Crash Cymbals
**Alto Clarinet*	Euphonium	Percussion 3
Bass Clarinet	Tuba	...Glockenspiel
Alto Saxophone 1	Electric Bass	
**Alto Saxophone 2*	(String Bass) ※パート譜のみ	
Tenor Saxophone		Full Score
Baritone Saxophone		

＊イタリック表記の楽譜はオプション

WindsScore
Spielen Musik.

ぱんぱかぱんぱんぱーん

水野良樹 作曲
郷間幹男 編曲

8
B
Picc.
Fl.1,(*2)
a2
*Ob.
*Bsn.
*E♭ Cl.
Cl.1
Cl.2
*Cl.3
*A.Cl.
B.Cl.
A.Sax.1
*A.Sax.2
T.Sax.
B.Sax.
Trp.1
Trp.2
*Trp.3
Hrn.1,(*2)
Hrn.3,(*4)
Trb.1
Trb.2
*Trb.3
Euph.
Tub.
E♭ Edim/G B♭ E♭ B♭/D Gm Adim/C F B♭ Gm Dm E♭ F B♭ D/F♯ D
E.B.
Rim
Ride
Drms.
Timp.
Perc.1
(C.Cymb.)
W.Chime
Cast.
Perc.2
(W.Chime)
Perc.3
(Glock.)

16
C
Picc.
Fl.1,(*2)
*Ob.
*Bsn.
*E♭ Cl.
Cl.1
Cl.2
*Cl.3
*A.Cl.
B.Cl.
A.Sax.1
*A.Sax.2
T.Sax.
B.Sax.
Trp.1
Trp.2
*Trp.3
Hrn.1,(*2)
Hrn.3,(*4)
Trb.1
Trb.2
*Trb.3
Euph.
Tub.
E.B.
Drms.
Timp.
Perc.1 (Tri.)
Perc.2 (Cast.)
Perc.3 (Glock.)
a2
Opt.Bsn.
Opt.E.B.
Gm/B♭
Gm
E♭
E♭m
F7sus4
F7
H.H.
Tri.
W.Chime
Whip
S.Cymb.
mp
mf
f

D
23
Picc.
Fl.1,(*2)
*Ob.
*Bsn.
*E♭ Cl.
Cl.1
Cl.2
*Cl.3
*A.Cl.
B.Cl.
A.Sax.1
*A.Sax.2
T.Sax.
B.Sax.
Trp.1
Trp.2
*Trp.3
Hrn.1,(*2)
Hrn.3,(*4)
Trb.1
Trb.2
*Trb.3
Euph.
Tub.
E.B.
Drms.
Timp.
Perc.1 (Tamb.)
Perc.2 (S.Cymb.)
Perc.3 (Glock.)
a2
Tamb.
B♭ E♭/G F D7/F♯ Gm E♭ Cm7 C7 F

31
E
Picc.
Fl.1,(*2)
*Ob.
*Bsn.
*E♭ Cl.
Cl.1
Cl.2
*Cl.3
*A.Cl.
B.Cl.
A.Sax.1
*A.Sax.2
T.Sax.
B.Sax.
Trp.1
Trp.2
*Trp.3
Hrn.1,(*2)
Hrn.3,(*4)
a2
Trb.1
Trb.2
*Trb.3
Euph.
Tub.
E.B.
B♭ B♭7/A♭ G♭ A♭ B♭ E♭/G F D7/F♯ Gm E♭
Drms.
Timp.
Perc.1
(Tamb.)
Perc.2
(C.Cymb.)
C.Cymb.
Perc.3
(Glock.)

38
F
Picc.
Fl.1,(*2)
*Ob.
*Bsn.
*E♭ Cl.
Cl.1
Cl.2
*Cl.3
*A.Cl.
B.Cl.
A.Sax.1
*A.Sax.2
T.Sax.
B.Sax.
Trp.1
Trp.2
*Trp.3
Hrn.1,(*2)
Hrn.3,(*4)
Trb.1
Trb.2
*Trb.3
Euph.
Tub.
E.B.
Cm7 C7 F B♭ D7/A Gm Dm E♭ Cm7 F
Drms.
Timp.
Perc.1 (Tamb.)
C.Cymb.
Perc.2 (S.Cymb.)
S.Cymb.
Perc.3 (Glock.)

45
G
Picc.
Fl.1,(*2)
*Ob.
*Bsn.
*E♭ Cl.
Cl.1
Cl.2
*Cl.3
*A.Cl.
B.Cl.
A.Sax.1
*A.Sax.2
T.Sax.
B.Sax.
Trp.1
Trp.2
*Trp.3
Hrn.1,(*2)
Hrn.3,(*4)
Trb.1
Trb.2
*Trb.3
Euph.
Tub.
E.B.
Drms.
Timp.
Perc.1 (W.Chime)
Perc.2 (Cast.)
Perc.3 (Glock.)
a2
F7
B♭
B♭/D
E♭
Edim/G
F/A
Gm
F
W.Chime
Cast.
C.Cymb.
Rim

52
Picc.
Fl.1,(*2)
*Ob.
*Bsn.
*E♭ Cl.
Cl.1
Cl.2
*Cl.3
*A.Cl.
B.Cl.
A.Sax.1
*A.Sax.2
T.Sax.
B.Sax.
Trp.1
Trp.2
*Trp.3
Hrn.1,(*2)
Hrn.3,(*4)
Trb.1
Trb.2
*Trb.3
Euph.
Tub.
E.B.
Drms.
Timp.
Perc.1
(C.Cymb.)
Perc.2
(W.Chime)
Perc.3
(Glock.)
a2
E♭ B♭/D Gm Adim/C F B♭ E♭ B♭/D Gm7 Cm F7 B♭
W.Chime
S.Cymb.
f
mf

Winds Score
Spielen Musik.

ご注文について

ウィンズスコアの商品は全国の楽器店、ならびに書店にてお求めになれますが、店頭でのご購入が困難な場合、当社PC&モバイルサイト・電話からのご注文で、直接ご購入が可能です。

◎当社PCサイトでのご注文方法

http://www.winds-score.com

上記のURLへアクセスし、WEBショップにてご注文ください。

◎電話でのご注文方法

TEL . 0120-713-771

営業時間内にお電話いただければ、電話にてご注文を承ります。

◎モバイルサイトでのご注文方法

右のQRコードを読み取ってアクセスいただくか、
URLを直接ご入力ください。

Piccolo

WindsScore
Spielen Musik.

ぱんぱかぱんぱんぱーん

水野良樹 作曲
郷間幹男 編曲

WindsScore
Spielen Musik.

ぱんぱかぱんぱんぱーん

水野良樹 作曲
郷間幹男 編曲

Oboe

WindsScore
Spielen Musik.

ぱんぱかぱんぱんぱーん

水野良樹 作曲
郷間幹男 編曲

Bassoon

ぱんぱかぱんぱんぱーん

水野良樹　作曲
郷間幹男　編曲

E♭ Clarinet

ぱんぱかぱんぱんぱーん

水野良樹 作曲
郷間幹男 編曲

B♭ Clarinet 1

ぱんぱかぱんぱんぱーん

水野良樹　作曲
郷間幹男　編曲

ぱんぱかぱんぱんぱーん

水野良樹　作曲
郷間幹男　編曲

B♭ Clarinet 3

WindsScore
Spielen Musik.

ぱんぱかぱんぱんぱーん

水野良樹 作曲
郷間幹男 編曲

Alto Clarinet

ぱんぱかぱんぱんぱーん

水野良樹 作曲
郷間幹男 編曲

Bass Clarinet

ぱんぱかぱんぱんぱーん

水野良樹 作曲
郷間幹男 編曲

Alto Saxophone 1

Winds Score

ぱんぱかぱんぱんぱーん

水野良樹　作曲
郷間幹男　編曲

Alto Saxophone 2

WindsScore
Spielen Musik.

ぱんぱかぱんぱんぱーん

水野良樹 作曲
郷間幹男 編曲

Tenor Saxophone

ぱんぱかぱんぱんぱーん

水野良樹 作曲
郷間幹男 編曲

Baritone Saxophone

WindsScore
Spielen Musik.

ぱんぱかぱんぱんぱーん

水野良樹　作曲
郷間幹男　編曲

B♭ Trumpet 1

ぱんぱかぱんぱんぱーん

水野良樹　作曲
郷間幹男　編曲

B♭ Trumpet 2

WindsScore
Spielen Musik.

ぱんぱかぱんぱんぱーん

水野良樹 作曲
郷間幹男 編曲

B♭ Trumpet 3

ぱんぱかぱんぱんぱーん

水野良樹　作曲
郷間幹男　編曲

F Horns 1&2

WindsScore Spielen Musik.

ぱんぱかぱんぱんぱーん

水野良樹　作曲
郷間幹男　編曲

WindsScore
Spielen Musik.

ぱんぱかぱんぱんぱーん

水野良樹　作曲
郷間幹男　編曲

Trombone 1

ぱんぱかぱんぱんぱーん

水野良樹　作曲
郷間幹男　編曲

WindsScore
Spielen Musik.

ぱんぱかぱんぱんぱーん

水野良樹 作曲
郷間幹男 編曲

Trombone 3

WindsScore

ぱんぱかぱんぱんぱーん

水野良樹　作曲
郷間幹男　編曲

Euphonium

ぱんぱかぱんぱんぱーん

水野良樹 作曲
郷間幹男 編曲

Tuba

ぱんぱかぱんぱんぱーん

水野良樹　作曲
郷間幹男　編曲

Electric Bass

ぱんぱかぱんぱんぱーん

水野良樹 作曲
郷間幹男 編曲

String Bass

ぱんぱかぱんぱんぱーん

水野良樹 作曲
郷間幹男 編曲

Drums

ぱんぱかぱんぱんぱーん

水野良樹 作曲
郷間幹男 編曲

Timpani

ぱんぱかぱんぱんぱーん

水野良樹 作曲
郷間幹男 編曲

Percussion 1
Crash Cymbals, Triangle, Tambourine, Wind Chime

ぱんぱかぱんぱんぱーん

水野良樹 作曲
郷間幹男 編曲

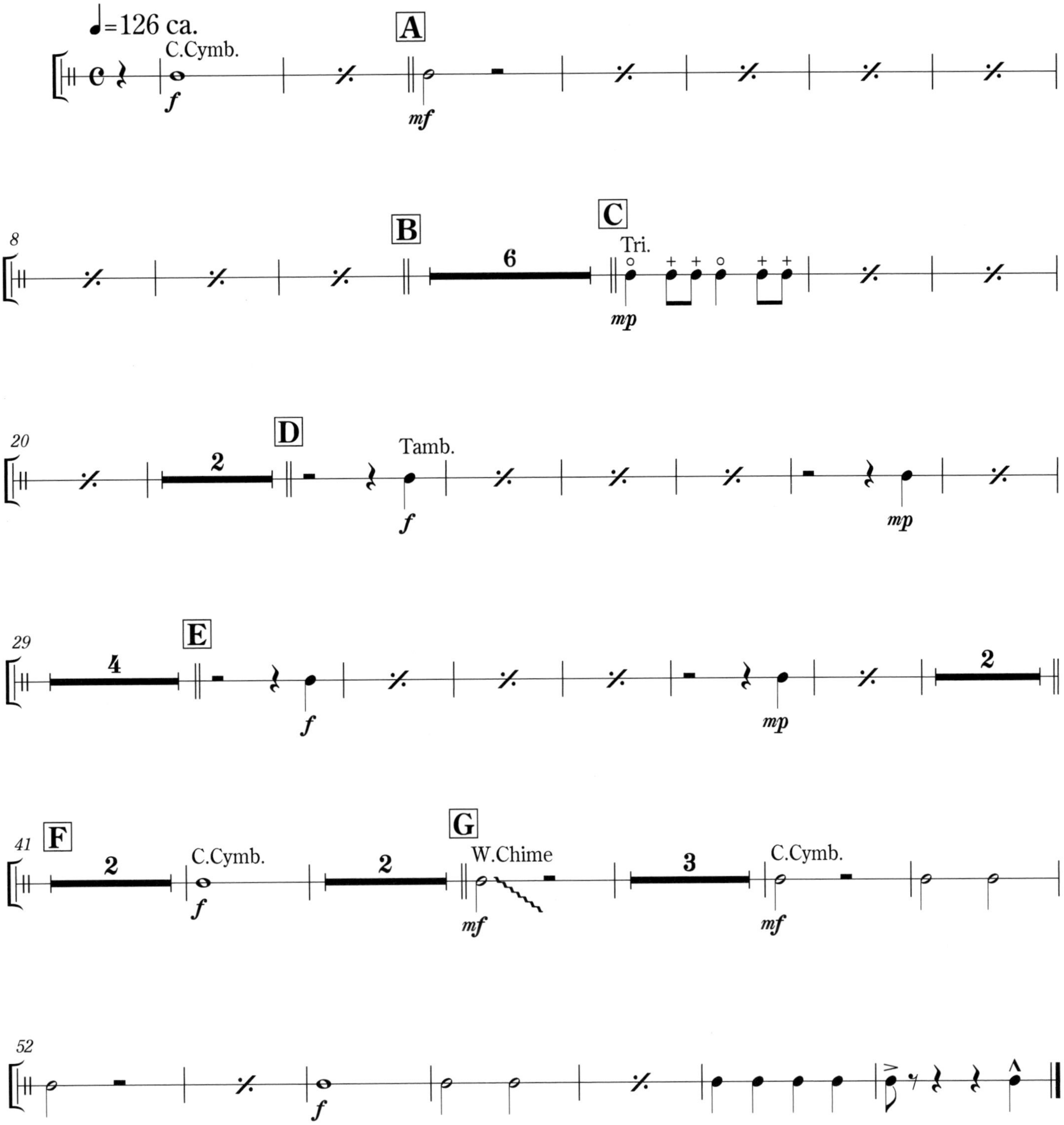

Percussion 2

Wind Chime, Castanet, Whip, Sus.Cymbal, Crash Cymbals

ぱんぱかぱんぱんぱーん

水野良樹 作曲
郷間幹男 編曲

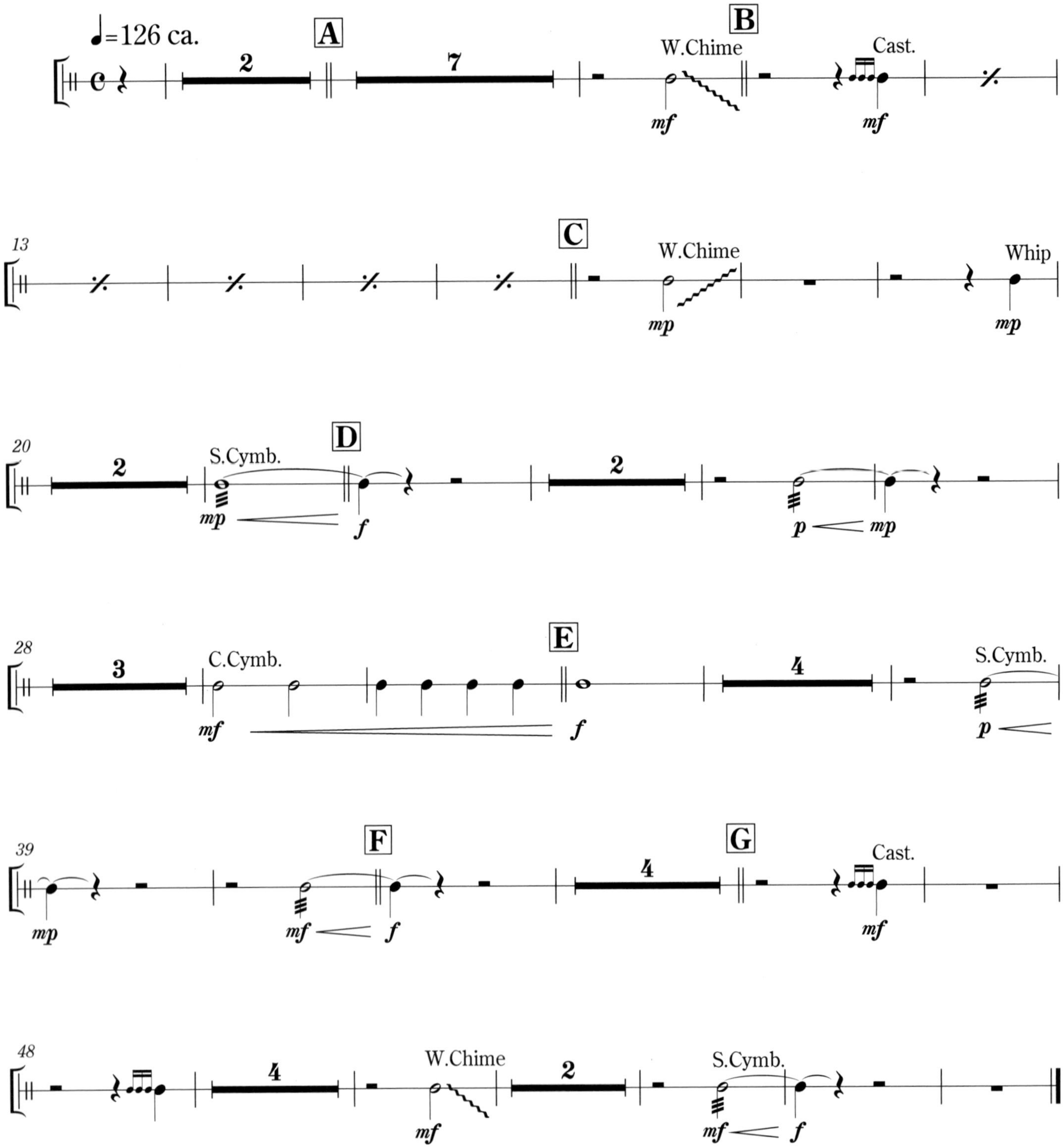

Percussion 3
Glockenspiel

ぱんぱかぱんぱんぱーん

水野良樹 作曲
郷間幹男 編曲

MEMO

WindsScore
Spielen Musik.